1. Auflage 2024

– Originalausgabe –

ISBN 978-3-8303-3698-3

Cover: Cartoon von Markus Grolik
Backcover: Cartoon von Oli Hilbring

Redaktion: Antje Haubner und Olena Klejman
Covergestaltung: Monika Swirski
Herstellung: Ralf Wagner und Monika Swirski

FOLGT UNS! facebook.com/lappanverlag
Instagram.com/lappanverlag
www.lappan.de
www.lappankalender.de

BIRGIT DODENHOFF

LASST UNS FIES & MUNTER SEIN!

Schwarzer Humor zu Weihnachten

Cartoons von Frank Bahr, Stephan Baumgarten, BECK, Burkh, Peter Butschkow, Steffen Butz, Birgit Dodenhoff, Uli Döring, Tim Oliver Feicke, Miguel Fernandez, Kai Flemming, Annika Frank, Peter Gaymann, Katharina Greve, Markus Grolik, Steffen Gumpert, Gymmick, Christian Habicht, Teresa Habild, Ruth Hebler, Anton Heurung, Oli Hilbring, Martina Hillemann, Michael Holtschulte, Olga Hopfauf, Phil Hubbe, Huse, Petra Kaster, Matthias Kiefel, Norman Klaar, @kriegundfreitag, Kriki, Uwe Krumbiegel, Kai Kühne, Thomas Kuhlenbeck, Dorthe Landschulz, Mario Lars, Nadia Menze, meta bene, Til Mette, Denis Metz, Nel, OL, Ari Plikat, Holga Rosen, Chrissie Salz, Bettina Schipping, Maxim Seehagen, ©Tom, Karsten Weyershausen, Martin Zak

LAPPAN

TIME TOOO SAY GOOODBYE
SO KANN ICH NICHT ARBEITEN.

NICHT EUER ERNST, ODER..?!
REVIER IST REVIER!

WO BLEIBT IHR DENN? WIR MÜSSEN LOS!!
ERST VOLLTANKEN.
GLÜHWEIN
©KASTER

MEIER, STADTWERKE. ICH BRINGE DIE STROM-RECHNUNG.
©KASTER

Gold, Weihrauch und Mürre

Last Christmas I gave you my card.
GOLD
But the very next day you preferred not to stay.
Valentino
CHANEL
Gaultier
CHANEL
Dior
LAND SCHULZ

O.K., JUNGS!
SO BLEIBT IHR JETZT
STEHEN BIS NEUJAHR!
BUTZ

MMH, ZIMTSTERNE! PERFEKT! EINER WIE DER ANDERE.
HAB ICH GEKLONT. AUS STAMMKRÜMELN VON LETZTEM JAHR.
BUTZ

DAS LEBEN IST WIE EIN SCHOKOLADEN-ADVENTSKALENDER. MAN WEISS EIGENTLICH IMMER, WAS MAN KRIEGT!
©ROSEN

HO HO HO!
PRIMA! EINE NEUE KRAWATTE!
©ROSEN

ERST EIN SELFIE FÜR INSTAGRAM, DANN GIBT'S BESCHERUNG!
TIL

ICH HOFFE MAL, ES IST 'NE STERNSCHNUPPE
TIL

FAHREN WIR WEIHNACHTEN ZU DEINEN ODER MEINEN ELTERN?
WER BESSER HEIZT.
TIL

VON DRAUSS VOM WALDE
KOMM ICH HER ...

RAUCHT
DER?
NÖ.
ER VAPT.

WIE JETZ, WEIHNACHTS-GELD?

NOCH IST ES EIN GESCHENK. GLEICH SIND ES SOCKEN.

Meine Mutter kommt Weihnachten mit dem Zug zu uns!
Herrje – wo ist der Bahnstreik, wenn man ihn braucht?!
HEBLER

Die Leute wünschen sich FRIEDEN! Herr Putin! Ohne Sie schaffe ich das nicht!
HEBLER

Nun, du weißt ja, wer nicht artig war, muss mit Strafe rechnen.
Das heißt jetzt Sanktionen.
P. GAY

Inflation, Russland, Klima … Mir fällt nichts Witziges ein.
Schreib einfach: Herzliche Krise!!

Ho, Ho, HoL
DAS STÖCKCHEN!

WAS IST?!
VON NUR EINEM JOB ALLEIN KANN MAN HEUTZUTAGE NICHT ÜBERLEBEN!

ICH WÜNSCHE MIR, DASS DIESE DEPPEN AUCH ZU DRITT AUF EINEM E-SCOOTER FAHREN.

LUFTBALLONS ALS SPITZE?
DER HUND HAT STÄNDIG AN DEN BAUM GEPINKELT.
HELIUM

NA GROßARTIG!
DA VERFÄHRT MAN SICH UND KEINS DIESER KINDER HAT SICH EIN NAVI GEWÜNSCHT!
ZAK

Freust du dich denn auf Weihnachten?
Nö!
BUTSCHKOW

Scheiße! Schon wieder geblitzt!
BUTSCHKOW

UND IMMER WENN EINER SAGT, FRIEDE AUF ERDEN, DENKE ICH: KRASS. ALLE MENSCHEN TOT.
HO, HO, HO.

IHR SEID JA NICHT GRAD DIE HELLSTEN.

WEIHNACHTEN AUCH MAL AN DIE DENKEN, DIE ES NICHT SO GUT HABEN.
GAENSE, TANNEN, EISVERKAEUFER.

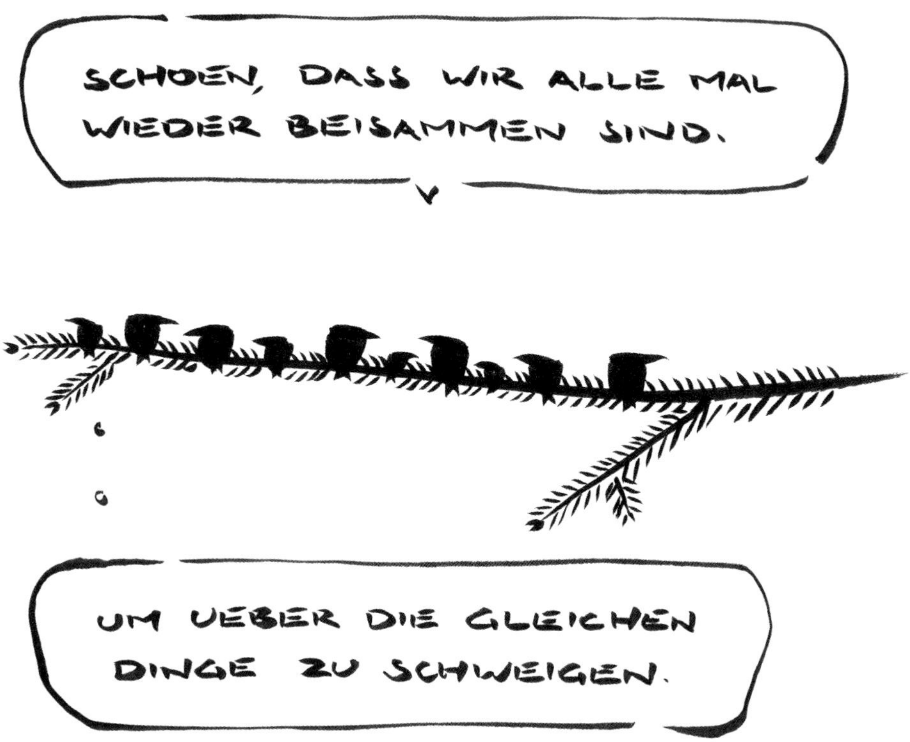
SCHOEN, DASS WIR ALLE MAL WIEDER BEISAMMEN SIND.
UM UEBER DIE GLEICHEN DINGE ZU SCHWEIGEN.

Lustig!!!
ZIGARREN
BURKH

Die 3 fidelen Könige

Aber diesmal woll'n wir 'ne richtig fetzige Rentnerband! Mehr was in unserem Alter, Rolling Stones zum Beispiel...
I CAN'T GET NO SATIS-FACTION
BURKH

NACH DER BESCHERUNG ERZÄHLTE MUTTER IMMER
VON IHREN LSD-TRIPS

JA, WEISST DU DENN NICHT, WER ICH BIN?
ACH, WISSEN SIE, ICH UND GESICHTERMERKEN …

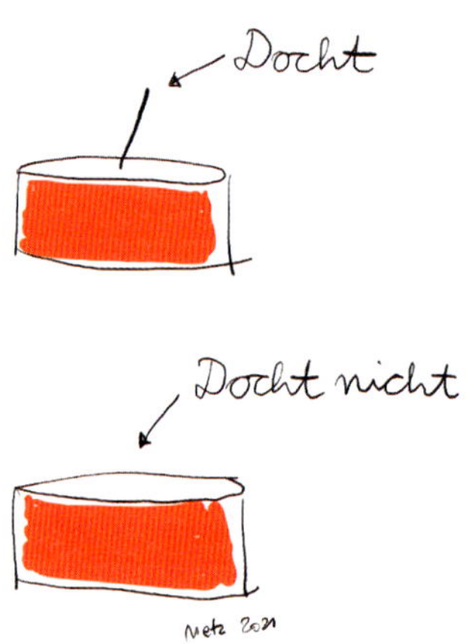
Docht
Docht nicht

WIR SIND DIESES JAHR EINFACH NICHT SO GUT AUFGESTELLT...

KÖNNEN WIR NICHT EINMAL WEIHNACHTEN SO WIE FRÜHER FEIERN?
DU GLAUBST DOCH NICHT ECHT, DASS ICH JETZT DIE PLAYSTATION 3 AUS DEM KELLER HOLE.
HOLTSCHULTE

EIN SCHLAGZEUG?!
TJA, DEINE ELTERN WAREN SEHR UNARTIG.
HOLTSCHULTE

WAS DENN? DU WILLST DOCH IMMER AUTHENTIZITÄT. UND AUSSERDEM: BEGREIF „SCHEISSGESCHENK" DOCH EINFACH ALS CHANCE ZUR VERBESSERUNG.
UL!

WOLLTEN WIR UNS NICHT WAS SELBSTGEMACHTES SCHENKEN? DA HÄNGT JA NOCH DER PREIS DRAN.
IST SELBSTGEMACHT. DAS HÄTTE ES GEKOSTET, WENN ICH'S DIR VERKAUFT HÄTTE.
3000€
ULI!

FERNSEHEN AN HEILIGABEND IST BEI UNS TRADITIONELL TABU. WIR WOLLEN UNS GANZ AUFS SAUFEN UND STREITEN KONZENTRIEREN.
ULI!

WIE DIE PHARMAINDUSTRIE WEIHNACHTEN REVOLUTIONIERT

Eigentlich wollte ich ja nie groß Geburtstag feiern…
Hillemann

Könnten Sie grad noch den Müll mit runternehmen?
Hillemann

Ho-ho-ho-ho-ho-ho-ho-ho-ho-
ho-ho-ho-ho-ho-ho-ho-ho-ho-ho-
ho-ho-ho-ho-ho-ho-ho-ho-ho-
ho-ho-ho-ho-ho-ho ...
KRUMBIEGEL
Mama! Der Weihnachts-mann hat 'nen Sprung!

Gabi ??!! Wer zum Teufel hat diesen Baum geschmückt ?!!
KRUMBIEGEL

Wenigstens waren Sie Weihnachten nicht allein.
KUHLENBECK

Und dafür habe ich meine Familie verlassen?
KUHLENBECK

Wo ist denn der Weihnachtsbaum?
Auf'm Balkon. Eine rauchen.
LANDSCHULZ

Wart ihr denn auch schön brav?
LANDSCHULZ

MEINE KOLLEGIN HAT SICH BEI DER WEIHNACHTSFEIER PILS BESTELLT. ICH HATTE JA NOCH EINEN VOM LETZTEN JAHR.
OL

CHEF! DA HAT SICH EINER AUF DER STRASSE FESTGEKLEBT.
ol-cartoon.de

WENN SIE KEINE GESCHENKE BEKOMMEN HABEN, KÖNNEN SIE KEINE UMTAUSCHEN.
REKLAMATION
OL

WIR SCHENKEN UNS WIEDER GELD.
12.99 WIE GEIL IST DAS DENN?!
6.49 WOW.
OHO! 69,95
ol-cartoon.de

KENNEN SIE DIESEN WEIHNACHTSKLASSIKER, DEN ICH MAL GESCHRIEBEN HABE? EIN HIT! HAT ES LEIDER NIE INS RADIO GESCHAFFT.
OL

Die Mütter vom
Kollwitzplatz
MAN SPART, WO MAN KANN. WIR STELLEN ZUM NIKOLAUS HALBSCHUHE RAUS...

DER BJÖRN SAGT, DICH GIBTS GAR NICHT.
DER BJÖRN SAGT AUCH, ES GIBT KEINEN KLIMAWANDEL.
24. DEZ
BAUMGARTEN

HALLIHALLO! ICH BIN DIE GUTE WEIHNACHTSMANNFEE, UND DU DARFST DIR WAS WÜNSCHEN!
RÜLPS.
BIST DU AUCH VON DER STUDENTENVERMITTLUNG? WEHE, DU VERPFEIFST MICH, DU KLEINE KRÖTE!
SCHEISSE, WENN MIR NUR NICHT SO KALT WÄRE ...

FRÖHLICHE WEIHNACHTEN!
DANKE, SIE MICH AUCH!
BOAH, STINKT DAS HIER IMMER SO HÖLLISCH?
NUR AN WEIHNACHTEN.
WAS IST DAS?
SCHULZ.
ER GEHT VOR LADENSCHLUSS GERNE NOCH SCHNELL DURCH DIE PARFÜMABTEILUNGEN UND LÄSST SICH BESPRÜHEN.

ICH KANN NICHT SCHLAFEN! IST DIE ARME WEIHNACHTSGANS, DIE WIR GEGESSEN HABEN, JETZT IM HIMMEL?
ABER JA, GANZ BESTIMMT! MACH DIR KEINE SORGEN, DIE IST IM HIMMEL!
WIRKLICH?
NA KLAR!
WAS GLAUBST DU, WO DIE ENGEL IHRE FLÜGEL HER HABEN!

WANN KOMMT DENN DER WEIHNACHTSMANN?
GAR NICHT. BEI UNS KOMMT NACH WIE VOR DAS GUTE ALTE CHRISTKIND.
WOLLT IHR NICHT ENDLICH MAL DEN ANBIETER WECHSELN?
CHRISTKIND! SO EIN WEIHNACHTS-MANN KANN DOCH VIEL MEHR GESCHENKE SCHLEPPEN!

GUT, DANN LASSEN SIE MAL SEHEN. ALSO, ICH BIN EIN MÄDCHEN, ACHT JAHRE ALT.
♫ OH! DER NIKOLAUS!
HO! HO! HO!
ÄHM - BIST DU AUCH IMMER SCHÖN BRAV GEWESEN?
NA KLAR! DU NIKOLAUS - ICH GLAUB, DU HAST 'NE MAIL BEKOMMEN!
OH - ECHT?
NÖ.
DANKE. DER NÄCHSTE!
RENT A NIKO!

PUH ... ÄH ... TOLL! DANKE! DAS WAR WIRKLICH ... ÄH ... EINZIGARTIG.
SIE HABEN JA AUCH DIE LETZTEN WOCHEN TAG UND NACHT GEÜBT!
EIN WUNDER, DASS DIE NACHBARN SICH NICHT BESCHWERT HABEN!
WOMIT FANGEN WIR AN?
STILLE NACHT.

ACH JA? ALSO ICH HABE MICH JA FÜR DIE BEFLECKTE UNEMPFÄNGNIS ENT-SCHIEDEN...
MENZE

Hey, Moment, das ist ja gar kein Heiligenschein, der Kerl hat ein Tablet!
MENZE

Ein Gutschein für einen Escape-Room?
Ja, und das Beste: Er ist für diesen Raum. Du hast 60 min. Zeit, sonst brennt die Gans im Herd an.
FLEMMING

DIE EILIGEN DREI KÖNIGE

HIER! DU MACHST DEN GEBÄRDENSPRACHDOLMETSCHER.
GEHÖRLOSEN-SCHULE
HUBBE

TRIGGERWARNUNG! NACHFOLGENDE BESCHERUNG KANN AUF ELTERN UND KINDER SEHR VERSTÖREND WIRKEN.
HUBBE

HOHO HOO...
HUBBE

Wir würden gern dieses Jahr mal ein rein veganes Weihnachtsessen machen.
WIESO DAS DENN?!? Unser Baum ist doch schon total vegan!!!
KA.GREVE

Er ist wirklich ein Segen. Wir sparen so viel Energie!
KA.GREVE

Das ist KEIN RICHTIGES Lebkuchenhaus!
Aber es ist flächen- und energieeffizienter! Und die Mieten sind auch niedriger!
KA.GREVE

WAS TUST DU DA?!?
Heizkosten sparen.
KA.GREVE

ICH HAB DOCH GESAGT, ZUR ERDE HÄTTEN WIR RECHTS ABBIEGEN MÜSSEN!
SCHEISS NAVI!
©KASTER

DIE VERSAND- UND VERKÜNDIGUNGS-ABTEILUNG WURDE OUTGESOURCT. SORRY!
ZU SPÄT, JUNGER MANN! JETZT MACH ICH MENOPAUSE.
MARIA
VON
NAZARETH
MARIA
DHL
KASTER©

Eigentlich wollte ich ihn gar nicht küssen. Verdammter Zauber-Mistelzweig!

Es ist total peinlich, wenn die Wohnung nicht leuchtet, als würde man direkt in der Sonne wohnen.
Ja, das würde ich seelisch nicht verkraften.

Geist der vergangenen Weihnacht.
Es gab echt viel zu essen.
Geist der gegenwärtigen Weihnacht.
Es gibt echt viel zu essen.
Geist der zukünftigen Weihnacht.
Es wird echt viel zu essen geben.

Moment mal! Hast du etwa eine Kobra in meinen Stiefel gesteckt?! Du krankes Schwein!
Hohoho!

Sickolaus

Ho, ho, hooo... Von drauß vom Walde komm ich her ...
AH

... So Kinder, jetzt **schnell** noch die Geschenke auspacken!!
ΛH
Jedes Jahr ein Highlight: der traditionelle Christbaumbrand

UNSER NEUESTES MODELL! MIT BIO-GAS-ANTRIEB UND AUS HEIMISCHER PRODUKTION!
FEICKE

SAGT MAL, LEUTE... KANN ES SEIN, DASS IHR BEIDEN EUCH IMMER WIEDER DAS GLEICHE WÜNSCHT? SCHON SEIT JAHREN??
?
Aufstieg !
FCSP
FEICKE

CONNY, DARF ICH DIR ULF VORSTELLEN? ER IST AUCH SINGLE ...
ACH HERRJE! SCHROTTWICHTELN WIR DOCH?
X-MAS PARTY

HABT IHR AUCH FIEBERSAFT?
FEICKE

WELCHER VOLLTROTTEL TRAMPELT DENN DA AUF UNSEREN NEUEN SOLAR-PLATTEN HERUM??!
HOPPLA ...
KNIRCKS!
KLIRR!!

SCHAAATZ?! WO IST EIGENTLICH DIE HELENE-FISCHER-CD, DIE ICH DIR ZU WEIHNACHTEN GESCHENKT HABE ...?
FEICKE

Warum hockst du da?
Sitzheizung!

Und du legst immer noch brav jeden Tag ein Ei?
Nur noch 4 Tage die Woche.
P. GAY

Mit unserem alten Schlitten
wären wir längst da.
MERRY CHRISTMAS
LADESÄULE
P. GAY

Wie steht es um Opa?
Kennen Sie dieses Weihnachtslied von Wham?
HILBRING

Für alte Freunde machen wir einen guten Preis.
RENTTIER
HILBRING

CHRISTLICHE SEENOTRETTUNG

KK

WOHL DOCH KEIN HEIZPILZ
ARI

IST DAS EIN NASENHAAR ODER EINE ZÜNDSCHNUR?
ARI

Ich war ein sehr schlechter Scheidungsanwalt.

Bei selbstgebastelten Adventskalendern gehen mir nach Tag sieben meistens die Ideen aus.

„Euer Vater. Er schafft es dieses Jahr wieder nicht."

„Der Wichtel hat Fußspuren hinterlassen, der Wichtel hat mit Keksen gekrümelt ... Wie wär's, wenn ihr euch mal um euren eigenen Scheiß kümmert?!"

MAXIM SEEHAGEN
„Oh Gott! Wie peinlich! Meine Eltern!“

Auch Bandscheibenvorfall?
Humpf...
WARTEZIM
FRANK

Bernd, hier ist dein zweiter Glüh-wein - Bernd?
FRANK

Toll - sogar mein Lieblingsgeschmack!
FRANK

SOLL ICH DIE BÄUME EINPACKEN?
20,-
27,-
25,-
NEIN, WIR ESSEN GLEICH HIER.

DEINE FREUNDIN HAT EINEN SO NIEDLICHEN DIALEKT. WO KOMMT SIE HER?
VOM GLÜHWEINSTAND.

DANKE, SCHATZ! SO EIN HÜBSCHER HUNDERTER!
DEINE BEIDEN FÜNFZIGER SIND ABER AUCH NICHT ÜBEL.
BTi

MEINE FRAU UND ICH KOMMEN EIGENTLICH NUR WEGEN DER MUSIK HER.
DUDEL
DUDEL
BTI

FRIEDEN KÖNNT IHR EUCH SCHENKEN.
BTI

IST DAS CHRISTKIND EIGENTLICH NON-BINÄR?
BTI

Er ist jetzt mit einer Yogalehrerin zusammen.
Hopfauf

Neuer Stil am Arsch, der Alte hat verpennt!
Hopfauf

Gänse~~b~~raten

Im diesem Jahr haben wir leider nur einen kleinen Weihnachtsbaum...
Duftnote „Krisenmodus"?
HEBLER

Wie weit bist du mit den Silvester-vorbereitungen?
Für das weibliche Wohl ist gesorgt!
HEBLER

TRI · TRA · TRULLALA!
HÄTTEN BESSER DAS KROKODIL MITGENOMMEN.
NOK

DU DARFST DAS ERSTE TÜRCHEN ÖFFNEN!
!.
DU BIST VERRÜCKT.
NOK

SIND WIR BALD DA? - NEIN!
SIND WIR BALD DA? - NEIN!
SIND WIR BALD...
FREUNDE?
NOK

Diese verdammten Gören werden auch jedes Jahr anspruchsvoller!
Lieber Weihnachtsmann, dieses Jahr wünsche ich mir Frieden in der Ukraine, dass die Regierung im Iran abtritt und der Klimawandel gestoppt wird. Danke
LANDSCHULZ

We wisch you a Merry Christmas!
LAND SCHULZ

Das ist das Haus vom
Ja und? Wie geht es weiter?
Es geht nicht weiter. Die Baufirma ist pleite.
LAND SCHULZ

Adventskalender für Ehemänner

KRUMBIEGEL
Wer hatte sich das Pony gewünscht?
Fleisch-Konserven

Erst Gedicht aufsagen!

Licht aus!
Danke, Rudolph

Der Rudi muss nur mal kurz sein Handy aufladen.

ICH MACH MIR JA GAR NIX AUS WEIH-NACHTEN.

AUSSER EIN PAAR VÖGELN NIX LOS HEUTE.
1 STUNDE 5,- €

Ho!
Ho! Ho!
Warum müssen zur Weihnachtszeit immer alle so durchdrehen?

To-do-Liste:
-Frühjahrsmüdigkeit
-Urlaubsfrust
-Herbstdepression
-Weihnachtsstress

Natürlich verurteile ich den weihnachtlichen Konsumzwang. Was meinen Sie, warum mein Kostüm rot ist?

HABT IHR SCHON MAL WAS VON PRIVATSPHÄRE GEHÖRT?!

EIGENTLICH HABE ICH MIR IMMER EINE TOCHTER GEWÜNSCHT.

MARIA, ER ÜBT SCHON FÜR SPÄTER!

WENN DIE LEUCHTEREI NICHT BALD AUFHÖRT, RASTE ICH NOCH AUS!

WIE WÄR'S, WENN WIR ZU WEIHNACHTEN MAL EIN KRIPPENSPIEL MACHEN WÜRDEN ?
O.K. ICH BIN DIE SCHWEINEGRIPPE.
ICH DIE VOGELGRIPPE.
GILT AUCH CORONA ?
BUTZ

NOCH EINER, DER SEINE FOSSILE HEIZUNG RAUSSCHMEISST !
BUTZ

Kriki

EINMAL IM JAHR SIND ALTE, WEISSE MÄNNER BELIEBT!
KRIKI
ALTER

MIT WAS KNIRSCHT EIGENTLICH DER SCHNEE?
KRIKI

EINMAL WERDEN WIR NOCH WACH- „HEISSA!" DANN IST UMTAUSCHTAG!
KRIKI

WO ICH SIE GERADE SEHE: SIE WISSEN NICHT ZUFÄLLIG, WELCHER BÄCKER MORGEN FRÜH AUF HAT?
HOLTSCHULTE

ICH HABE DAS GEFÜHL, DASS DER 24. DEZEMBER GAR NICHT GUT FÜR MEINE WORK-LIFE-BALANCE IST.
HOLTSCHULTE

WIE MACHEN SIE ES EIGENTLICH, DASS IHRE RENTIERE FLIEGEN?
HEY, FRAG SIE MAL, OB SIE ZUFÄLLIG NUTELLA DABEI HAT!

HAST DU WIEDER HEIMLICH GERAUCHT?
ICH BIN DURCH ABERTAUSENDE VON KAMINEN GEKROCHEN, ABER DU KOMMST JEDES JAHR WIEDER MIT DER SELBEN FRAGE!
SNIFF

Mein Outfit soll Sie schon auf die anstehende Bescherung vorbereiten.

Und wenn Sie 10 Mal der Weihnachtsmann sind, das ist unhygienisch

REICHT DER, UM DEINEN GANZEN WEIHNACHTSBAUMSCHMUCK AUFZUHÄNGEN?

Seit ich dieses neue Shirt trage, sind Weihnachtsfeiern mit der Familie viel entspannter.

Komisch. Ich hatte dem Postboten doch nur eine ruhige, besinnliche Weihnachtszeit gewünscht.

Meine liebste Weihnachtstradition: das Treffen am 23.12. mit den ganzen anderen gestressten Trotteln am Rossmann-Fotoautomaten.

Lebkuchenhäuser sind für meine Generation vollkommen utopisch.
Ich persönlich lebe glücklich in meiner 60 qm Lebkuchenwohnung (kernsaniert)

Es bringt wirklich jeder ein
Weihnachtsalbum raus.

LOS – DEN BEUTEL VOLL-MACHEN!!
WIEDER SPÄT DRAN MIT DEN GESCHENKEN, WAS?!
©KASTER

EUCH JUNGS IST ABER SCHON KLAR, DASS IHR FÜR SO 'NE LEIH-MUTTERSCHAFT ORDENTLICH WAS HIN-BLÄTTERN MÜSST?!
GOTTES-MUTTER?!
©KASTER

TJA - ALSO, IHR ALLERGIETEST...
MACHEN SIE'S KURZ!
ÄPFEL, NÜSSE, MANDELKERNE.
DAS IST DAS ENDE!
AACH - SIE HABEN DOCH WAS GELERNT - VERSUCHEN SIE ES IN EINER ANDEREN BRANCHE!

ABER DU MUSST SCHWEIGEN WIE EIN GRAB! ICH HABE BEWEISE... HIEB- UND STICHFEST! MEIN VATER IST DER WEIHNACHTSMANN!
WAS?!
ABER... MEINER AUCH!
BRUDER!

NA? OB DER NIKOLAUS HEUTE NACHT WOHL WAS IN DEINE SCHUHE GETAN HAT?
PAPA HAT AUCH WAS GEKRIEGT!
?
PAPA?! VOM NIKOLAUS??
VON DER KATZE...

OMA HAT EINE UNGERADE ZAHL ZIMTSTERNE GESCHICKT!!
JA - ZIEH ICH DENN HIER NUR IDIOTEN GROSS? - DANN BRECHT EBEN EINEN AUSEINANDER! SONST KRIEGT IHR DOCH AUCH ALLES KAPUTT!
TSCHOCK!!
?

DASS ICH DAS MAL SAGE: KEINE SCHNELLE BEWEGUNG! OH GOTT ... SIND SIE SICHER ...?
VERDAMMT - EINER MUSS ES TUN!
DREI KABEL ... ROT, GELB, BLAU ... ICH DURCHTRENNE DAS ... ÄH ... DAS ROTE!
DAS GELBE?
DAS BLAUE!
ICH KAPPE ALLE!
NEIN!
JINGLE BELLS! JINGLE BELLS!

SIEH NUR: DIE KINDER HABEN EINEN WEIHNACHTSGRUSS IN DEN SCHNEE GEPINKELT!
FRÖLICHE WEINACHTEN
ES IST ZUM VERZWEIFELN! ILSE - KOCH KAFFEE! VIEL KAFFEE! UND BRING MIR ALLES BIER, WAS WIR IM HAUSE HABEN!
SAG MAL - PISST DA UNTEN STUDIENRAT KRUSE IN DEN HOF?!
OH NEIN.
ER KORRIGIERT! UND ... WOW! RESPEKT! JETZT GIBT ER NOCH EIN „MANGELHAFT"!

sag, dass Schnee geil ist!
Schnee ist geil!

WENN MANN UND FRAU SICH NICHTS SCHENKEN

IM AKADEMIKERVIERTEL

WENN ICH STERBE, VERLÄSST MEINE SEELE DEN KÖRPER UND ICH SEHE EIN WARMES, HELLES LICHT IN EINER ART TUNNEL UND DANN ...
... GEHT DIE BACKOFENTÜR ZU!

1
2
3
4
HUSE

SEIN ODER NICHT SEIN...?
EXIT
HUSE

MEINE BALLS HÖREN EINFACH NICHT AUF ZU JINGELN, DOC!
HUSE

IRGENDWAS IST DIESES JAHR ANDERS.
HUSE

WEIHNACHTEN BEI DEN INFLUENCERN
Kinder kommt, Unboxing!
KLINGEL
HILBRING

OLI HILBRING

HEUTE: GRIPPENSPIEL
HILBRING

ALLE JAHRE WIEDER

Strategien gegen die Weihnachtsinflation

ICH GLAUBE, ES IST NICHT DER STERN VON BETHLEHEM!
NOK

SCHEIẞE, KERZEN BRENNEN GELASSEN!
NOK

ODER WARS DOCH KERZEN ANZÜNDEN UND KATZE FÜTTERN?!
NOK

ICH KANN DEN PULLOVER NUR OHNE IHREN MANN DRIN ZURÜCKNEHMEN!
SCHADE!
KASSE
NOK

Willst du mit mir ausgehen?
Erst brennt meine Frau mit ihrer neuen Flamme durch, und dann krieg ich auch noch nen Burnout!!!
Mach mich nicht an!
GYMMICK

... und ihr seid euch absolut sicher, dass wir dem richtigen Stern folgen???
B-NY 20
GYMMICK 22

Weihnachten ohne Baum kann ich mir gar nicht vorstellen...
BECK

„Es ist ein ungeschriebenes (ha!) Gesetz, dass man zu Weihnachten nur Post von Leuten bekommt, denen man nicht geschrieben hat…"

Immer meckerst du über meine Geschenke. Dieser Pullover kann überhaupt nicht „kratzen“!

IM SET MIT DEM SCHLITTEN SIND SIE VIEL GÜNSTIGER.
KASSE
ZAK
DIESMAL GINGEN DIE RUßFLECKEN NICHT GANZ RAUS.
ZAK
ZAK
NA TOLL.
RENTIERE, DIE HÖHENANGST HABEN, MÜSSEN ZU HAUSE AUSHELFEN
IST NICHT WAHR! ICH MUSS AUCH NUR EINEN TAG IM JAHR ARBEITEN!
WIE ICH SEHE, VERSTEHT DEIN VATER SICH SEHR GUT MIT DEINEM NEUEN FREUND!
ZAK

LASSEN SIE MICH ZUERST MEINE ARBEIT MACHEN, DANN KÖNNEN SIE IHRE GERNE ABSCHLIEßEN. SO WERDEN ALLE GLÜCKLICH!
ZAK.

JETZT SCHON LEBKUCHEN KAUFEN? DAS GEHT JA JEDES JAHR FRÜHER LOS!
YEP! DIESE PRINTEN SIND FÜR WEIHNACHTEN NÄCHSTES JAHR.
PRINTEN
BTi

MIST. HAB VERGESSEN, DIE GESCHENKE FÜR MICH ZU KAUFEN.
BTI

Viele wünschen sich wieder...
Weiße Weihnachten? Zu rassistisch!

Bei Geschenken sind wir dieses Jahr etwas sparsamer.
Wir kaufen mehr Lametta, dann fällt das nicht so auf.
LORIOT LÄSST GRÜSSEN

Ich habe jetzt einen Elektroschlitten.
Rentier-braten
1kg
12,- €

Du hast dir das Reiten selbst beigebracht?
Mit E-Learning.

Hallo, Schwiegermama, du brauchst Weihnachten nicht zu kommen, wir haben jetzt schnelles Internet, wir können skypen.

OH NEIN ...
ICH BLÖDI.
FERNANDEZ

WIE ICH SEHE, WARST DU IMMER ARTIG...
BÖSARTIG... EIGENARTIG... ABARTIG...
FERNANDEZ

Selbsthilfegruppe für Weihnachtsbäume

Ich weiß gar nicht, was ich mir für das neue Jahr vornehmen soll …
Geht mir genauso.
Aber für dich würden mir jede Menge gute Vorsätze einfallen!
Happy New Year!
HEBLER

Die Krampfadern hast du von Oma Hilde.
Ich dachte, wir schenken uns nichts!
LANDSCHULZ

Wir haben uns wieder krass den Bauch vollgeschlagen! Was für ein Festessen! Wo ist eigentlich Hasso?
Der hat doch so einen empfindlichen Magen. Er ist bestimmt im Garten und frisst Gras.
LANDSCHULZ

Ich hoffe, es hat euch geschmeckt!
Rolling home after Christmas
LANDSCHULZ

Die Cartoonisten

Frank Bahr, 1969 in Stuttgart geboren, zeichnet und malt, seit er aufrecht sitzen kann, lebt heute an und teilweise auf der Ostsee und arbeitet als freier Maler, Karikaturist und Cartoonist.
www.frank-bahr.net
S. 100, 101

Stephan Baumgarten, 1981, freiberuflicher Illustrator, Texter und Cartoonist in Osnabrück. Regelmäßig Cartoons und Illustrationen speziell im Bereich Games und Fantasy. Wenn er nicht zeichnet, schreibt und inszeniert er zusammen mit Olga Hopfauf Theaterstücke.
www.stephan-baumgarten.com
S. 51

BECK, aktuelles und schönstes Beck-Buch ever: „End Of Weekend", Lappan Verlag 2022. (Beinahe) täglicher Cartoon auf www.schneeschnee.cc
S. 135, 136, 137

BURKH, Burkhard Fritsche, 1952 in Mölln geboren, lebt seit 1996 in Köln. Veröffentlichungen in *Eulen-spiegel, taz, Die Zeit, Tages Anzeiger (Zürich), Welt am Sonntag, Süddeutsche Zeitung, Kicker, Spiegel Online* u. v. a.
www.burkh.com
S. 30, 31, 32

Peter Butschkow, 1944 in Cottbus geboren, lebt heute in Schleswig-Holstein. Veröffentlicht in diversen Zeitschriften und Zeitungen. Autor von über 150 Büchern und Kalendern.
www.butschkow.de
S. 26, 27, 122, 123

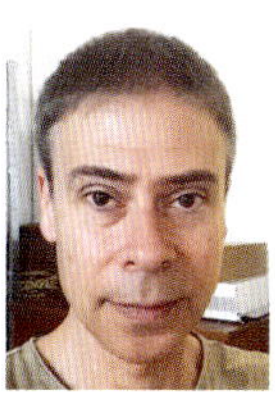

Steffen Butz, Jahrgang 1964, lebt als Cartoonist und Illustrator in Karlsruhe. Seine Bärencartoons erschienen u. a. in *Stern, Freundin, Mein Eigenheim, Nebelspalter* und *Die Rheinpfalz*. Zahlreiche Buch- u. Kalenderveröffentlichungen. instagram.com/steffen.butz
S. 12, 13, 106, 107

Birgit Dodenhoff, geb. 1969 in Zeven, Studium Kommunikationsdesign. Ihre Cartoons erscheinen im Lappan Verlag, dem *Eulenspiegel* u. a. Printmedien, in Kalendern, Schulbüchern, auf Postkarten sowie auf fb und insta (dodenhoff_cartoons).
www.catprint.de/artist/birgit-dodenhoff
S. 4, 6, 7, 124, 125

Uli Döring, 1971, wohnt in Köln und ist Allround-kreativer, derzeit mit dem Schwerpunkt „Cartoons". Diese veröffentlicht er in verschiedenen Zeitschriften, Büchern, auf Postkarten, auf Facebook und Instagram.
uliwood.wordpress.com
S. 38, 39, 40

Tim Oliver Feicke, Jg. 1970, lebt und zeichnet in Hamburg, im Hauptberuf Richter. Veröffentlichungen u. a. im *Hamburger Abendblatt, Eulenspiegel, Deutsche Richterzeitung, RENOpraxis* und vielen Anthologien. Mitglied des Cartoonkollektivs „Hamburger Strich".
www.feickecartoons.de S. 68, 69, 70

Miguel Fernandez. Der aus Rehburg (bei Hannover) stammende Comiczeichner, Cartoonist und Illustrator zeichnet seit 2005 Cartoons, die in diversen Zeitschriften und Magazinen abgedruckt werden. Zahlreiche Buchveröffentlichungen. www.miguelfernandez.de
S. 146, 147

Kai Flemming, geb. 1964, lebt in Hamburg. Seine Cartoons erscheinen u. a. in der *Frankfurter Rundschau*. 2017 bester Newcomer, 2021 Zweiter beim Deutschen Karikaturenpreis.
www.kaiflemming.com
S. 56, 57

Annika Frank, Jg. 1991, ist Cartoonistin und Illustratorin aus Mannheim. Ihre Arbeiten wurden vielfach prämiert, u. a. mit dem Geflügelten Bleistift als „Beste Newcomerin" beim Deutschen Karikaturenpreis 2021. Frank zeichnet für verschiedene Zeitschriften, Verlage und Agenturen. www.annikafrank.com S. 82, 83

Peter Gaymann, geb. 1950 in Freiburg i. Br. Seit 1976 als humoristischer Zeichner selbstständig. Sein Markenzeichen sind die Hühner und die „PaarProbleme" in *BRIGITTE*. Veröffentlichungen auch in *taz, Zeit Magazin, BUNTE* etc. Er lebt in Schäftlarn. www.gaymann.de
S. 22, 23, 71, 72, 73

Katharina Greve, 1972 in Hamburg geboren, studierte an der TU Berlin Architektur und lebt in Berlin. Veröffentlichungen in: *Titanic, Das Magazin, neues deutschland, Frankfurter Allgemeine Sonntagszeitung* u. a. www.katharinagreve.de
S. 60, 61

Markus Grolik, 1965 in München geboren. Seit 1995 als freier Zeichner und Autor tätig für diverse Verlage und Agenturen. Veröffentlicht regelmäßig im *Nebelspalter, Eulenspiegel, SZ, Südkurier, MSN, gmx* u. a.
www.markus-grolik.de
S. 18, 19, Cover

Steffen Gumpert, geb. in Höxter/Westfalen. Seit 2001 in Berlin als freier Cartoonist, Comiczeichner, Illustrator für zahlreiche Zeitungen und Zeitschriften und als Character-Designer beim Trickfilm tätig.
www.suessesundsaures.net
S. 112

Gymmick (Tobias Hacker), Cartoonist, Komiker und Liedermacher. Veröffentlicht wöchentlich Cartoons, z. B. für die *Nürnberger Nachrichten.* Gewinner des Deutschen Karikaturenpreises 2022.
www.Gymmick.de
S. 134

Christian Habicht, 1962 in Jena geboren. Lebt und arbeitet als selbstständiger Zeichner in Eisenberg. Zeichnet für *Eulenspiegel*, die *Ostthüringer Zeitung*, den *Allgemeinen Anzeiger*, die *Freie Presse.*
www.christian-habicht.de
S. 84

Teresa Habild, 1979 in München geboren. Studium der Visuellen Kommunikation in Offenbach am Main. Lebt als freie Cartoonistin und Illustratorin in Trier. Veröffentlichungen in zahlreichen Medien, z.B. *Eulenspiegel, Titanic* und *Süddeutsche Zeitung*.
h-bild.de S.131

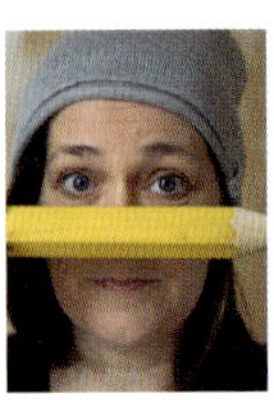

Ruth Hebler, 73er-Jahrgang, Eifelmädchen, Autodidaktin. Ihre Cartoons sind regelmäßig in diversen Zeitschriften, Büchern, Kalendern und Ausstellungen zu sehen. Sie wurde mehrfach ausgezeichnet, zuletzt 2021 mit dem zweiten Platz beim Deutschen Cartoonpreis.
www.ruthhebler.de S. 20, 21, 90, 91, 148, 149

Anton Heurung wurde 1957 in Bad Neustadt/Saale geboren. Er studierte Grafik-Design an der FH Würzburg-Schweinfurt und arbeitet als freischaffender Illustrator und Künstler in Aschaffenburg.
www.antonheurung.de
S. 66, 67

Oli Hilbring lebt mit Familie, vielen Stiften und Hund in Bochum. Er veröffentlicht u. a. im *RevierSport,* im *Rookie Magazin* und bei *ehrensenf.de.* Er betreibt den Cartoon-Blog »Schön Doof«.
www.oli-hilbring.de
S. 74, 75, 128, 129, 130, Backcover

Martina Hillemann kam 1975 als hessisch Mädsche zur Welt und lebt/arbeitet als Komische Künstlerin in Darmstadt. Apropos – humorvolle Entspannung kann verdauungsfördernd wirken (Buch bitte trotzdem nicht essen). www.martinahillemann.de
S. 41

Michael Holtschulte, Jahrgang 1979, lebt und arbeitet als Cartoonist und Illustrator in Essen. Zeichnet für zahlreiche Zeitungen und Magazine. Seine Cartoons sind wöchentlich auf www.totaberlustig.de zu sehen.
S. 36, 37, 110, 111

Olga Hopfauf, 1984 in Kasachstan geboren, ist in Deutschland aufgewachsen. Sie lebt und arbeitet als freiberufliche Illustratorin in Osnabrück. Außerdem inszeniert sie mit ihrem Freund selbstgeschriebene Theaterstücke und organisiert Ausstellungen und Zeichnertreffen. www.hopfauf.de S. 88, 89

Phil Hubbe, geboren 1966 in Haldensleben. Zeichnet regelmäßig für verschiedene Zeitungen und Zeitschriften (u. a. Sportmagazin *kicker*). Da selbst an MS erkrankt, macht er dies und andere „Behinderungen" zu einem Thema seiner Cartoons.
www.hubbe-cartoons.de S. 58, 59

HUSE wurde als Björn Ciesinski 1976 in Bremen geboren. Er lebt und zeichnet mit Familie in Hamburg. Seine Cartoons sind u. a. in Publikationen wie *Stern, Eulenspiegel, Titanic* und diversen Büchern veröffentlicht.
www.husefack.de
S. 126, 127

Petra Kaster, 1952 in Mülheim an der Ruhr geboren. Lebt und arbeitet in Mannheim. Trickfilmautorin, Veröffentlichungen in diversen Zeitschriften, Zeitungen (u. a. *Eulenspiegel* und *Nebelspalter*) und Büchern.
www.petrakaster.de
S. 8, 9, 62, 63, 118, 119

Matthias Kiefel, freiberuflicher Cartoonist, Illustrator und Grafiker in Berlin. Veröffentlichungen in Zeitschriften, Büchern und Kalendern.
S. 113, 114, 115

Norman Klaar wurde 1980 im wunderschönen Rheinland geboren, direkt zwischen der damaligen Hauptstadt Bonn und der Domstadt Köln. Heute schreibt er Bücher für Kinder und Erwachsene und kritzelt Cartoons.
S. 92, 93, 132, 133

@kriegundfreitag, eigentl. Tobias Vogel, geb. 1982, lebt in Hamburg, ist Comicautor, Autor u. Cartoonist. Mit seinen Strichmenschen gewann er 2019 den Online Grimme Award, 2020 den Max und Moritz-Preis. Seine Cartoons erscheinen in den sozialen Netzwerken, auf Tassen, Pullis und in Büchern. S. 64, 65

Kriki wurde als Christian Groß 1950 in Lamstedt (Niedersachsen) geboren, lebt in Berlin-Kreuzberg, veröffentlicht für *taz, Eulenspiegel, mare, Schmutz und Schund* und *Der Kleine Lemur.*
www.kriki.cartooncommerz.de
S. 108, 109

Uwe Krumbiegel, 1962 in Flöha (Sachsen) geboren. Lebt in der Nähe von Freiberg, ist Dipl.-Ing. in der Energiewirtschaft. Veröffentlichungen u. a. in *Eulenspiegel* und *rtv.*
www.uwe-krumbiegel.de
S. 42, 43, 96, 97

Kai Kühne, 1979 in Braunschweig geboren, studierte in Trier Medienwissenschaft, Philosophie und Volkswirtschaftslehre, und arbeitet als Redakteur in Düsseldorf. Er veröffentlicht regelmäßig im *Eulenspiegel*.
S. 76, 77

Thomas Kuhlenbeck, geboren 1964 in Osnabrück. Graphik-Design-Studium in Hannover. Nachdem er 20 Jahre in Hannover als Illustrator und Gelegenheitscartoonist gearbeitet hat, tut er dasselbe nun in Münster.
S. 44, 45

Dorthe Landschulz studierte in Hamburg und Paris Illustration. Sie lebt in der Bretagne, zeichnet Cartoons u. a. für *Titanic, taz, Eulenspiegel, Tierwelt Schweiz* und seit 2019 wöchentlich für den *stern*. Sie gewann Preise und hat mehrere Bücher veröffentlicht.
www.facebook.com/EinTagEinTier
S. 10, 11, 46, 47, 94, 95, 150, 151, 152

Mario Lars, Roland Regge-Schulz, 1964 in Mecklenburg geboren, lebt dort als Grafiker, Journalist, Zeichner und Autor. Veröffentlicht in *Eulenspiegel, Schweriner Volkszeitung* und *Sächsischer Zeitung.*
www.schulzenhof.de
S. 98, 99, 143, 144, 145

Nadia Menze, geboren 1981, zeichnet seit vielen Jahren Cartoons, hat sich aber erst 2019, ermuntert von Martin Perscheid, damit an die Öffentlichkeit getraut. Man findet ihre Werke auf Social Media unter „Cartoostrophal".
S. 54, 55

meta bene, wird seit 2013 von Robin Thiesmeyer gezeichnet. META BENE erscheint als Cartoon-Kolumne in *Die Zeit* und *Die Presse* und wurde außerdem bei *Zeit Online*, in den *Nürnberger Nachrichten*, in *Neue Narrative* und anderen Medien veröffentlicht.
www.metabene.de S. 28, 29

Til Mette, geboren 1956 in Bielefeld. Studierte Geschichte u. Kunst. Mitbegründer der *taz* Bremen. Lebte über 15 Jahre in den USA, seit 2006 in Hamburg. Seit 1995 als Staff-Cartoonist beim *stern*.
S. 15, 16, 17

Denis Metz heißt eigentlich Denis Metz, Jahrgang 1974, zeichnet Cartoons. Schon immer. Lebt auf der Nordseeinsel Baltrum und erzählt dort den Lachmöwen dreckige Witze.
www.schnabulak.de
S. 33, 34, 35

NEL wurde 1953 als Ioan Cozacu in Rumänien geboren. Studierte Innenarchitektur in Halle, lebt heute in Erfurt. Seit 1984 als freischaffender Cartoonist tätig. Veröffentlicht regelmäßig in diversen Tageszeitungen und Magazinen. www.nelcartoons.de
S. 142

OL wurde als Olaf Schwarzbach 1965 in Berlin geboren. Er zeichnet u. a. für *Berliner Zeitung, Jungle World, Tip-Berlin, n-tv.de* etc. Zahlreiche Buchveröffentlichungen.
www.ol-cartoon.de
S. 48, 49, 50

Ari Plikat, geboren 1958 in Lüdenscheid. Lebt in Dortmund, zeichnet Illustrationen, Cartoons und komische Bilder, die in vielen Zeitungen/Zeitschriften zu sehen sind.
www.ariplikat.de
S. 78, 79

Holga Rosen, Jahrgang 1970, lebt und arbeitet als Cartoonist in Dortmund. Zeichnet für *Ruhr Nachrichten, Westfalenspiegel* u. a. Außerdem ist er als gelegentlicher Kurzfilmmacher und Musiker tätig.
www.holgarosen.de
S. 14

Chrissie Salz, Jahrgang 1977, hat in Düsseldorf Visuelle Kommunikation studiert. Irgendwann hat sie den Stift eingepackt und ist nach Köln gezogen. Dort lebt und arbeitet sie jetzt als freie Illustratorin.
www.supersalz.de
S. 104, 105

Bettina Schipping, 1967 in Düsseldorf geboren, Studium der Visuellen Kommunikation. Lebt und arbeitet in Düsseldorf als Grafik-Designerin, Illustratorin und Cartoonistin. www.bettinaschipping.de
S. 85, 86, 87, 140, 141

Maxim Seehagen, geb. 1999 in Bad Gandersheim, hat mit 13 sein erstes eigenes Comicheft veröffentlicht. Heute zeichnet er eine Cartoon-Serie und arbeitet als Autor für deutsch- und englischsprachige Comics und für eine Late Night Show.
linktr.ee/maximseehagen S. 80, 81, 116, 117

©TOM, eigentlich Thomas Körner, 1960 in Säckingen geboren. Lebt in Berlin. Seit 1991 erscheinen seine *Touché*-Comicstrips täglich in der *taz*.
www.c-tom.de
S. 52, 53, 120, 121

Karsten Weyershausen, Jahrgang 1963. Lebt in Braunschweig als freier Autor und Illustrator. Veröffentlicht u. a. in *TV Hören und Sehen, Berliner Illustrierte Zeitung, Eulenspiegel.*
www.weyershausen.de
S. 102, 103

Martin Zak, geboren 1972 in Bytom, Polen. Studium Visuelle Kommunikation in Bielefeld. Lebt in Köln. Veröffentlicht u. a. in *Eulenspiegel, Nebelspalter, SPICK, MAD, Flashtimer, zitty, Schweizer Katzenmagazin.*
www.martin-zak.de
S. 24, 25, 138, 139

LAPPAN

Bücher und Kalender, die Spaß bringen!

ISBN 978-3-8303-2184-2

ISBN 978-3-8303-2136-1

ISBN 978-3-8303-3669-3

ISBN 978-3-8303-3683-9

ISBN 978-3-8303-2125-5

ISBN 978-3-8303-2188-0

ISBN 978-3-8303-2058-6

ISBN 978-3-8303-6426-9

In jeder guten Buchhandlung und unter:
www.lappan.de · www.lappankalender.de